e. o. plauen
Vater und Sohn

e. o. plauen hieß eigentlich Erich Ohser. Er wurde 1903
geboren, machte zunächst eine Schlosserlehre und
studierte dann an der Akademie für Graphische Künste in
Leipzig. Er war mit Erich Kästner befreundet und
illustrierte unter anderem mehrere Bücher von ihm.
1931 wurde sein Sohn Christian geboren.
„Der ‚Vater' hat viel von Ohsers Vater, der ‚Sohn' viel von
Christian", schrieb Kurt Kusenberg einmal, „und alle beide
haben viel von Ohser ..."
Nach der Machtübernahme der Nationalsozialisten
bekam Ohser wegen seiner politischen Zeichnungen
Berufsverbot. Selbst die „Vater und Sohn"-Bilder-
geschichten konnte er in den Jahren 1935/36 nur
unter Pseudonym veröffentlichen. Ab 1940 brachte er
allerdings wieder politische Karikaturen heraus, doch
wurde er schließlich wegen angeblich reichsfeindlicher
Äußerungen in einem Luftschutzkeller denunziert und
verhaftet. Am 5. April 1944, dem Tag vor seiner Verhandlung
vor dem berüchtigten Volksgerichtshof, beging Erich Ohser
in seiner Gefängniszelle Selbstmord.

**Von e. o. plauen
sind in den Ravensburger Taschenbüchern
außerdem erschienen:**

RTB 52044
Vater und Sohn, Band 2

RTB 52062
Vater und Sohn, Band 3

e. o. plauen

Vater und Sohn Band 1

50 Streiche und Abenteuer
gezeichnet von e. o. plauen

Ravensburger Buchverlag

Lizenzausgabe
als Ravensburger Taschenbuch
Band 52008
erschienen 1996
Erstmals in den Ravensburger
Taschenbüchern erschienen 1964
(als RTB 20)

aus „e. o. plauen, Vater und Sohn"
© 1962 Südverlag GmbH Konstanz (ren.)
Abdruck mit Genehmigung der
Gesellschaft für Verlagswerte GmbH,
Kreuzlingen/Schweiz

Umschlagillustration:
e. o. plauen

**Alle Rechte dieser Ausgabe
vorbehalten durch
Ravensburger Buchverlag Otto Maier GmbH**

Printed in Germany

**Die Schreibweise entspricht den Regeln
der neuen Rechtschreibung.**

13 12 11 10 9 08 07 06 05 04

ISBN 3-473-52008-X

www.ravensburger.de

Hoffnungsloser Fall | 8

Der Gute | 10

Der Schmöker | 12

Spieglein, Spieglein an der Wand | 14

Zurück zur Natur | 16

Die Reißzwecke | 18

Fußball | 21

Der unheimliche Nachbar | 24

Wie die Jungen zwitschern | 26

Vater hat geholfen | 28

Der erste Ferientag | 30

Grenzen der Malerei | 32

Missglückte Herausforderung | 34

Weihnachtsbescherung | 36

Fauler Zauber | 38

Jahresabschluss mit Knalleffekt | 41

Vorgetäuschte Kraft | 46

Moral mit Wespen | 48

Der Brief der Fische | 50

Jagdeifer und Reue | 52

Kulturfilm mit Tarnung | 54

Bis auf den letzten Knopf verspielt | 56

Zuvorgekommen | 58

Für stürmische Tage der Hut mit Anker | 60

Kunst bringt Gunst | 62

Heimlichkeiten vor dem Fest | 65

Der wehrhafte Schneemann | 66

Der Sonnenuntergang | 68

Der Schlafwandler | 70

Unschädlich gemacht | 72

Luftbrief mit Strafporto | 74

Ähnlichkeit | 76

Der letzte Apfel | 78

Die Torte | 80

Der eingebildete Kranke | 82

Die Familienohrfeige | 84

Ordnung muss sein | 87

Die gute Gelegenheit | 89

Die Unterschrift des Vaters | 90

Die leidenschaftlichen Angler | 92

Porträt-Fotografie | 94

„Vorne lang, hinten kurz!" | 96

Angst macht Beine | 98

Die Ostereier bringt der Osterhase | 100

Es gibt also doch Zauberei | 102

Kasperle-Theater | 104

Vier Kinderkarten bitte | 106

Vorsicht mit Schwänen | 108

Das fesselnde Buch | 110

Hoffnungsloser Fall

Der Gute

Der Schmöker

Spieglein, Spieglein an der Wand

15

Zurück zur Natur

Die Reißzwecke

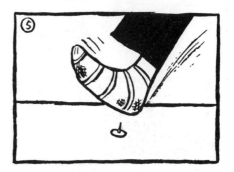

Fußball

Der unheimliche Nachbar

Wie die Jungen zwitschern

Vater hat geholfen

Der erste Ferientag

Grenzen der Malerei

33

Missglückte Herausforderung

35

Weihnachtsbescherung

Fauler Zauber

Jahresabschluss mit Knalleffekt

43

Der selbst gebaute Schlitten

45

Vorgetäuschte Kraft

47

Moral mit Wespen

Der Brief der Fische

Jagdeifer und Reue

Kulturfilm mit Tarnung

Bis auf den letzten Knopf verspielt

57

Zuvorgekommen

Für stürmische Tage der Hut mit Anker

Kunst bringt Gunst

Heimlichkeiten vor dem Fest

Der wehrhafte Schneemann

67

Der Sonnenuntergang

Der Schlafwandler

Unschädlich gemacht

Luftbrief mit Strafporto

Ähnlichkeit

Der letzte Apfel

Die Torte

Der eingebildete Kranke

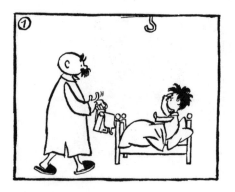

Die Familienohrfeige

Ordnung muss sein

Die gute Gelegenheit

Die Unterschrift des Vaters

Die leidenschaftlichen Angler

93

Porträt-Fotografie

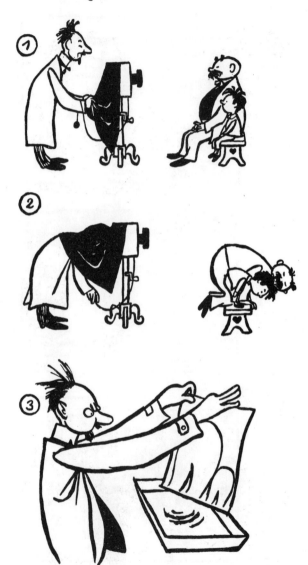

„Vorne lang, hinten kurz!"

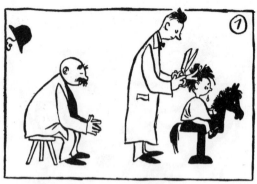

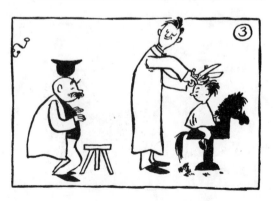

97

Angst macht Beine

Die Ostereier bringt der Osterhase

Es gibt also doch Zauberei

Kasperle-Theater

Vier Kinderkarten bitte

Vorsicht mit Schwänen

Das fesselnde Buch

KINDSKÖPFE, EINER WIE DER ANDERE

Erich Ohser / e.o.plauen
Vater und Sohn
Sämtliche Streiche und Abenteuer
Schmuckausgabe
2003, 318 Seiten, Leinen
ISBN 3-87800-042-1
€ (D) 24,90

Das Richtige für alle Liebhaber von »Vater und Sohn«.
Diese bibliophile Leinenausgabe bringt erstmals sämtliche 194 Bildgeschichten und enthält alle zwischen
1934 und 1938 gezeichneten Streiche und Abenteuer.
Der zeitlose Leitfaden zur hintergründigen Erziehung.

Erich Ohser / e.o.plauen
Spiel und Spaß mit Vater und Sohn
2003, 108 Seiten, gebunden
ISBN 3-87800-041-3
€ (D) 9,90

Nicht nur für Väter und Söhne: 50 zeitlose Bildgeschichten zum Vergnügen und 11 Anregungen zum
Weiterspielen.

S SÜDVERLAG
www.vaterundsohn.de